Schnell was getupft...

Auf die Plätze fertig los! Wir tupfen was die Schwämme hergeben. Mit der neuen Frost/Satiniereffektfarbe kombiniert mit der Serviettentechnik lassen sich außergewöhnliche Geschenke und Dekoideen kreieren.

Ob romantisch verspielt, edel oder einfach nur witzig. Frosten Sie Ihre Ideen auf Gläser, Vasen , Kunststoffartikel oder Karten. Es geht schnell, ist einfach und macht ungemein viel Spaß. Lassen Sie Ihrer Phantasie freien Lauf und betupfen und frosten Sie alles was nicht niet- und nagelfest ist.

Na dann mal los!
Ich wünsche Ihnen viel Spaß
und let`s tupf

Material

Frost/Satiniereffektfarbe
in verschiedenen Farbtönen
Verschiedene Schwämme
Diverse Glasgefäße
Servietten
Adhäsionsfolie
Schablonen selbsthaftend
Schablonenreiniger
Klebemotive
Deko-Ice
Deko-Icekleber
Glimmer und Flitter
Mobilefolie
Strukturschnee

Tipps und Tricks

Der Untergrund sollte immer sauber und fettfrei sein! Schneiden Sie als erstes die Serviettenmotive aus und lösen von dieser die oberste Lage ab. Geben Sie die Frost/Satiniereffektfarbe auf ein Stück Alufolie oder eine Malpalette und nehmen Sie diese mit dem Schwamm durch mehrmaliges Tupfen auf. Generell betupfen Sie Ihr Gefäß, auf das ein Serviettenmotiv soll, zuerst mit der transparenten oder weißen Frostfarbe.

In die noch leicht feuchte Farbe das Serviettenmotiv legen und sofort wieder mit der gleichen Farbe betupfen. Tupfen Sie bitte nicht zu fest, damit die Serviette nicht am Schwamm hängen bleibt. Möchten Sie etwas Glimmer einstreuen, dann müssen Sie diesen gleich in die noch feuchte Farbe geben.

Um saubere Abschlusskanten zu bekommen, schneiden Sie sich mit einer Büttenschere Streifen aus der Adhäsionsfolie (es eignen sich auch Isolierband, Tesafilm) und kleben diese auf das Glasgefäß. Dieses sollte 24 Stunden nachtrocknen, danach ist die Farbe erst wasserfest. Bei Glasvasen und Gläsern, also Glasgefäße die Sie mit der Hand spülen möchten, ist es notwendig das Gefäß nach 24 Stunden bei 160°C, 20-30 Minuten im Backofen zu härten. Haben Sie Serviettenmotive verwendet dann bitte nur bei 120°C.

Wichtig: Nicht Spülmaschinenfest!!!!!!!

Die Frost/Satiniereffektfarbe trocknet in wenigen Minuten. Um einen intensiveren Farbton zu erhalten, tupfen Sie nach jeder getrockneten Farbschicht eine neue darauf, bis Ihnen der Farbton gefällt. Beim Betupfen der Klebemotive und Adhäsionsfolien, die Frostfarbe nur leicht antrocknen lassen, danach gleich wieder mit Hilfe eines Skalpells ablösen.

Ist die Farbe schon zu trocken, bleibt Sie Ihnen in den filigranen Klebemotiven hängen. Sollte Ihnen dies einmal passieren, dann legen Sie Ihr Glasgefäß sofort für einige Stunden in warmes Wasser. Die Frostfarbe löst sich dadurch ganz leicht. Sie können jede Art von Schwämme verwenden, ich rupfe mir diese mit der Hand etwas zurecht. Hierdurch können Sie Ihre Schwammgröße selbst bestimmen.

Maritimes Klangspiel

Material:

Holzaufhängeset für das Klangspiel
Klangstäbe in Blau 20 cm lang
Glaswindlicht ø 7,5 cm
Frostfarben in Blau und Beige
Acrylfarben in Blau und Elfenbein
Haftschablone Maritim
Adhäsionsfolie
Dekosand in Türkis
Grasfaser, Muscheln und ein Stück blaue Kordel
Silberdraht (0,35 mm)

Bemalen Sie zuerst das Aufhängeset mit den Acrylfarben und legen dann die Haftschablone und die in Streifen geschnittene Adhäsionsfolie auf das Glas (siehe Foto). Nun wird getupft (lesen Sie die Anleitung auf der Seite Tipps & Tricks).

Als nächstes fädeln Sie das Aufhängegarn durch die Klangstäbe und die Löcher der Holzscheibe und knoten dieses daran fest. Das Holzpendel ebenfalls an die Scheibe knoten. Den Silberdraht ziehen Sie durch die mittleren vier Löcher und kleben danach das Glas mit der Heißklebepistole darauf.

Zum Schluß dekorieren Sie das Windspiel mit Muscheln, Grasfaser und der Kordel. Etwas Dekosand einfüllen, Teelicht hineinstellen und fertig.

Der Frühling ist da

Material:

- Glasspitzvase zum Hängen
- Glasvase
- Frostfarbe in Weiß, Flieder, Blau
- Diverse Servietten
- Adhäsionsfolie
- Naturfarbener Bast

Für die Glasvase schneiden Sie zuerst die Hyazinthen aus der Serviette und die Adhäsionsfolie in einige Streifen. Legen Sie die Streifen auf das Glas und tupfen das Serviettenmotiv in die Mitte (siehe Seite Tipps & Tricks). Nach dem Trocknen frosten Sie den fliederfarbenen Hintergrund. Danach lösen Sie die Adhäsionsfolie und kleben etwas Bast an der Vase fest.

Für die Glasspitzvase die Vorgänge von oben wiederholen. Den naturfarbenen Bast als Aufhängung anbringen.

Tipp: Ideale Mitbringsel zum Frühlings- oder Osterfest!!

Orchideen-lampe

Material:

Glaslampe
Orchideenserviette
Frostfarben in Weiß, Grün, Rosa
Adhäsionsfolie
Fransengirlande mit Perlen

Zuerst die Serviettenmotive ausschneiden und mit der Wellenschere einen Streifen aus der Adhäsionsfolie schneiden. Nun den Streifen auf den Lampenschirm legen (siehe Foto) und mehrmals in rosa betupfen. Danach die Serviettenmotive (siehe Seite Tipps & Tricks) anbringen. Den Hintergrund und den Lampenfuß in grün frosten.

Als i-Tüpfelchen kleben Sie das Fransenband mit der Heißklebepistole an dem Lampenfuß fest.

Geschenke aus der Küche

Material:

Glasflaschen, Einmachglas
Frostfarbe in Weiß und Grün
Diverse Servietten
Adhäsionsfolie
Mobilefolie
Bast in Gelb, Natur

Bei allen drei Glasobjekten zuerst die Serviettenmotive anbringen (siehe Seite Tipps & Tricks). Bei der Weinflasche den Hintergrund danach in grün betupfen. Für die Ölflasche schneiden Sie die Adhäsionsfolie in Streifen und legen diese der Abbildung entsprechend auf die Flasche. Danach betupfen Sie diese nach Trocknen des Serviettenmotivs in Grün. Als besonderen Dekotipp tupfen Sie verschiedene Serviettenmotive auf die Mobilefolie und schneiden diese nach dem Trocknen aus. Mit etwas Bast an die Flasche binden. Beim Einmachglas den Deckel mit einer Serviette dekorieren.

Hits

Material:

Spiegel 36,5 x 16,5 cm
Glasgefäß
Frostfarbe in Weiß, Rot, Grün
Adhäsionsfolie
Serviette (Vielseidig Verlag)

Schneiden Sie aus der Adhäsionsfolie verschiedene Streifen mit der Büttenschere aus und bringen diese je nach Belieben (oder der Abbildung entsprechend) an den Glasobjekten an. Beim Spiegel zuerst die rote Umrandung tupfen, diesen Vorgang mehrmals wiederholen, um einen kräftigeren Rotton zu erhalten. Nun die Serviettenmotive ausschneiden und mit weißem Frost auftupfen (siehe Seite Tipps & Tricks). Beim Bonbonglas gehen Sie umgekehrt vor, zuerst die Motive danach die bunte Umrandung.

für Kids

Gartenflair

Material:

- Fieberglaskelche
- Steckstab 70cm für Fieberglaskelch
- Frostfarbe in Weiß und Rot
- Diverse Servietten
- Mobilefolie
- Bast in Blau, Grün und Gelb
- Grasfaser in Blau und Grün

Kleben Sie zuerst die Fieberglaskelche in die Stecker. Danach schneiden Sie die Serviettenmotive aus und tupfen diese mit der weißen Frostfarbe auf die Kelche (siehe Seite Tipps & Tricks). Tupfen Sie verschiedene Serviettenmotive auf die Mobilefolie und schneiden diese nach dem Trocken aus. Für den Erdbeerkelch mit der roten Farbe einen Rand tupfen. Als i-Tüpfelchen dieser Gartendekoration, eignen sich zum Verzieren am besten Naturmaterialien. Kleben Sie mit der Heißklebepistole den Bast, die Grasfaser und vorsichtig die Mobilefolienmotive an den Kelchen fest.

Tipp: Ideale Geschenkidee für ein Grillfest!!!

Schenken mit Herz

Material:

Herzvasen zum Hängen
Kugelvase
Frostfarben in Weiß, Rot, Grün und Rosa
Servietten
Adhäsionsfolie
Irisflitter
Rote Blütenblätter
Perlenstrang auf Draht

Für die Herzväschen zuerst die Serviettenmotive mit der weißen Frostfarbe auftupfen (siehe Seite Tipps & Tricks). Je nach Belieben können Sie diese nach dem Trocknen mit farbigem Frost betupfen. Als besonderen Effekt streuen Sie in die noch feuchte Farbe etwas Irisflitter. Bei der Kugelvase kleben Sie mit der Adhäsionsfolie verschiedene Muster ab und betupfen diese wie die Herzen. Als Aufhängung gibt es im Handel schon fertige Perlenstränge auf Draht. Diese lassen sich aber auch einfach selbst herstellen: Die Perlen auf einen 0,3mm starken silberfarbenen Draht aufreihen und dazwischen die Blütenblätter reinzwirbeln.

Tipp: Ideal als Muttertagsgeschenk!!!

Einfach und sehr dekorativ

Material: Glasteller, Schwimmringe, Frostfarben in Weiß und Lila
Bast in Blau, Lackstift in Schwarz
Serviette mit Schmetterling und Veilchen
Perlkies in Blau

Tipp: Die Schwimmringe eignen sich hervorragend als Basteltipp für eine Kindergeburtstagsfete!!!

Für den Teller und die Schwimmringe schneiden Sie die Serviettenmotive aus und tupfen diese mit der weißen Frostfarbe auf (siehe Seite Tipps & Tricks). Die Rückseite der Schwimmringe in lila betupfen. Nach dem Trocknen malen Sie mit dem Lackstift die Fühler und Blütenstängel auf. Als Dekotipp und süße Geschenkidee: Binden Sie drei Schwimmringe mit Bast zusammen (siehe Foto).

Frohe Ostern

Material:

Glaseierbecher
Diverse Servietten
Frostfarben in Weiß, Gelb und Orange
Fotokarton in Grün
Glanzpapier in Gelb
Lochkarton in Orange
Handgeschöpftes Blütenpapier & Bananenpapier
Mobilefolie
Grasfaser in Grün

Beginnen Sie mit dem Ausschneiden der Serviettenmotive und bringen diese in der Tupftechnik an (siehe Seite Tipps & Tricks). Nach dem Trocknen die Eierbecher in Gelb und Orange betupfen.

Für die Karten den Karton in der Größe 23 x 16cm zuschneiden, in der Mitte falten und mit der Wellenschere Akzente schneiden. Aus den handgeschöpften Papieren einen Kreis und ein Ei schneiden und auf die Karte kleben. Für die gelbe Karte aus dem Lochkarton einen Streifen schneiden und seitlich auf die Karte kleben. Nun die Serviettenmotive auf die Mobilefolie auftupfen und nach dem Trocknen ausschneiden. Zum Schluß die Motive auf die Karte kleben und die Schriftzüge mit den Lackstiften aufschreiben.

FROHE OSTERN
Frohe Ostern

Happ
Birth

Kerzenständer & Karte

Material:

Glaskerzenständer
Frostfarben in Weiß und Blau
Servietten
Papierstreublüten
Deko- Ice in Gelb
Tonkarton in Gelb
Gemustertes Transparentpapier
Mobilefolie
Lackstift in Grün
Klebeplättchen

Die Kerzenständer mit den Serviettenmotiven verzieren (siehe Seite Tipps & Tricks). Mit der blauen Frostfarbe verschiedene Akzente tupfen und mit den Streublümchen verzieren. Diese lassen sich mit dem Schwamm und der Farbe gut auftupfen oder einfach aufkleben. Zum Schluß die Ständer mit verschiedenen Materialien füllen, z.B. Sand, Streublümchen, Deko-Ice, Mini Muscheln etc.

Für die Karte den Karton in der Größe 23 x 16cm zuschneiden. Neu im Handel ist das gemusterte Transparentpapier, dieses als Streifen zuschneiden und seitlich auf die Karte kleben. Die Blüten aus der Serviette ausschneiden und mit der weißen Frostfarbe auf die Mobilefolie tupfen. Nach dem Trocknen ausschneiden und mit den Klebeplättchen auf der Karte fixieren, beschriften und ab geht die Post.

Tipp: Mit dieser einfachen und schnellen Technik, lassen sich im Nu Themenbezogene Familienfeste dekorieren. Angefangen von der Karte bis zur kompletten Tischdeko. Lassen Sie Ihrer Phantasie freien Lauf.

Edel betupft

Material:

Glaswindlicht
Gebogene Glasspitzvase zum Hängen
Frostfarben in Orange und Gold
Deko-Ice in Orange
Deko-Icekleber
Klebemotive Schmetterlinge und Rosen
Adhäsionsfolie
Perlendraht

Beim Windlicht beginnen Sie mit dem Betupfen des Goldrandes, (evtl. mit Adhäsionsfolie arbeiten). Danach die Klebemotive anbringen und die Adhäsionsfolie in Streifen schneiden. Die Folie als Platzhalter für das Deko-Ice am Glas anbringen (siehe Foto). Nun betupfen Sie die Klebemotivfelder mit der Frostfarbe und lösen die Motive sofort nach dem Trocknen mit dem Skalpell vom Glas (siehe Seite Tipps & Tricks). Als nächstes ziehen Sie die Adhäsionsfolie ab und bestreichen nun die freie Stelle mit dem Ice-Kleber, danach das Ice einstreuen.

Die Vorgänge für die Glasspitzvase wiederholen (siehe Foto).
Als Aufhängung befestigen Sie den Perlendraht an der Vase. Im Fachhandel erhalten Sie diese Perlendrähte in großer Vielfalt.

Halloween

Material:

Windlicht
Plastiktropfen 2tlg. 14cm
Serviette Halloween (Vielseidig Verlag)
Frostfarbe in Weiß und Gelb
Irisflitter
Sand in Schwarz
Spinnfaser in Schwarz

Als erstes füllen Sie den Plastiktropfen mit der Spinnfaser. Danach bringen Sie die Serviettenmotive nach der Anleitung (Seite Tipps & Tricks) darauf und streuen etwas Irisflitter in die noch feuchte Farbe. Nach dem Trocken ziehen Sie etwas Spinnfaser über den Tropfen und bringen diese auch als Aufhängung an.

Für das Windlicht ebenfalls die Serviettenmotive anbringen und mit Irisflitter bestreuen. Um den Serviettenmond etwas gelben Frost tupfen. Füllen Sie nun das Glas mit dem Sand und genießen Sie das schummrig scaurige Licht, Huibuh!!!

Engelromantik

Material:

Glasröhre für Teelicht
Glasvase zum Hängen
Windlicht
Frostfarbe in Weiß und Gold
Gold- und Kupferflitter
Engelserviette
Goldschnur

Alle drei Gefäße werden nach dem gleichen Prinzip gearbeitet. Als erstes schneiden Sie die Engel aus der Serviette und tupfen diese (siehe Seite Tipps & Tricks) mit der weißen Frostfarbe auf die Gläser.
In die Engelsflügel streuen Sie in die noch feuchte Farbe den kupferfarbenen Flitter. Danach tupfen Sie nach der Abbildung den goldenen Frost auf die Gefäße und streuen gleich den Goldflitter hinein.

Im Nu haben Sie ein romantisches Geschenk gezaubert.

Winterzauber

Material: Glasspitzvasen zum Hängen, Windlichtglas
Frostfarben in Weiß und Blau, Adhäsionsfolie
Winterdorfserviette, Irisflitter
Strukturschnee, Klebesterne
Haftschablone Motiv Eiskristalle, Perlensterndraht
Deko-Ice, Deko-Icekleber

Beginnen Sie mit dem Ausschneiden des Winterdorfes und tupfen dieses mit der weißen Frostfarbe auf das Glas (siehe Seite Tipps & Tricks). Nach dem Trocknen kleben Sie verschiedene Klebesterne auf das Glas und betupfen den Rest des Gefäßes mit der blauen Frostfarbe. Streuen Sie in die noch feuchte Farbe den Irisflitter hinein. Lösen Sie dann die Klebesterne mit einem Skalpell. Nun tupfen Sie mit einem kleinem Borstenpinsel etwas Strukturschnee auf die Dächer und Bäume und streuen etwas Irisflitter hinein.

Kleben Sie jetzt bei der kleineren Glasspitzvase die Klebesterne auf und betupfen diese mit der blauen Farbe. Zum Schluß etwas Irisflitter einstreuen, die Klebesterne ablösen und an der Vase die Aufhängung anbringen.

Für die größere Vase kleben Sie den oberen Rand mit der Adhäsionsfolie ab und tupfen dann mehrmals einen breiten Streifen in weiß. Etwas Irisflitter einstreuen (siehe Foto) und die restliche Vase in blau betupfen. Nach dem Trocknen legen Sie die Haftschablone (Eiskristalle) auf das Glas, betupfen diese mehrmals in Weiß und streuen etwas Flitter darauf. Als letztes bepinseln Sie die Spitze der Vase mit Ice-Kleber und bestreuen diese mit Deko-Ice.

Vielseidig Verlag

mehr von Judith Schwibinger

Echt auf Draht
Dekoratives aus Draht & Prägefolie
ISBN 3-935467-23-0
Best.Nr. 67230

Megastarke Kinderfeten
Tolle Tipps für witzige Kinderfeste mit Window-Color
ISBN 3-930529-69-6
Best.Nr. 29696

Laubanger 19b 96052 Bamberg **Vielseidig Verlag** GmbH Tel. 0951/ 6 89 97 Fax. 0951/ 60 32 99